Herr Einzhard

Neulich
hinterm
Mond

Tiefsinnig Unsinniges
und sinnlich Blödsinniges
vom Karne-Wal bis
zur Familienhormonie.

INHALT

DER EINZIGSTESTESTE

Manchmal spüre ich beim Reimen,
wie im Hirn die Reime keimen.
Es findet jede Zeilenendung
mit der nächsten ihre Wendung.
Und wenn dann beides ähnlich klingt,
ist es schön. Der Reim gelingt.

Doch bin ich wohl der Einzige,
der Einzigste und Einzigstesteste,
der in dieser Stadt
`nen Reim auf MÖNCH gefunden hat.

KEIN REIM AUF MÖNCH?

"Machen Sie sich frei",
sprach der Arzt zum Mönch.
„Den Reim", sagt er dabei,
„den find' ich, wenn ich röntg'."

BLAUER DUNST UND BLASSER SCHIMMER

Nibelungen? Nie gehört.
Kenn' mich nicht aus auf dem Gebiet.
Doch dem, der mich beim Rauchen stört,
hust' ich das Nebel-Lungen-Lied.

Öchö-Öchö!

EINE NULL ZU VIEL

Manchmal macht mir großen Kummer
die IBAN-Zahl mit Kontonummer.
Den PUK und auch den Handy-PIN,
den krieg' ich noch auswändig hin.
Benutzerkennung, Passwort-Code,
das geht, das weiß ich auch zur Not.
Und das für fünfzehn Zugangsseiten.
Klappt's nicht sofort, dann doch beim zweiten
Anlauf und schon bin ich drin.
Hab' Zahl und Kürzel stets im Sinn.
Nur die IBAN Nummer stimmt oft nicht.
`Ne Null zu viel ...
und das bin ...
ich.

SPRICH WORTE!

Aufwärmen und Tee trinken.

Alle Wege führen nach oh'm.

Aller guten Dings sind Bumms.

Alter Schwede rostet nicht.

Am Abend wird der Faule müde.

Andere Mütter haben auch Cellulite.

Es ist noch kein Hausmeister vom Himmelbett gefallen.

Alter schützt vor Torschuss nicht.

Schwimmübung macht den Bademeister.

Alles Gute kommt vom Loben.

Wie du mir, so ich Dirk. Armer Dirk.

Hunde-Libellen scheißen nicht.

RACHEGEDICHT IN EINEM SATZ

Heut' mach' ich die Einfahrt sauber,
hol' mir den Laubhäxelsauger
aus dem Keller, wo er lag,
seit jenem ganz bestimmten Tag,
als ich ihn im Baumarkt kaufte,
weil ich mir die Haare raufte,
wegen meines Nachbarn - diesem Hund,
denn aus keinem ganz bestimmten Grund,
machte der mich morgens wach
mit so `nem Ding - und wir ha'm Krach -
seitdem, ja, nicht zu knapp,
weshalb ich das Ding erworben hab,
um dann an Novembertagen
skrupellos zurückzuschlagen
und seine Nerven bloß zu legen,
werd' nie mehr mit Besen fegen, ...
... alles nur der Rache wegen.

MEIN LIEBLINGSVOGEL

Turteltaube, Disco-Meise,
Feier-Fink und Super-Star,
Cocktail-Huhn und Altbier-Amsel,
Schnaps-Drosselchen ist auch schon da.
Es kommt der Basstölpel raus,
und Rudi Rabe grooved.
Kein Vogel bleibt zu Haus,
wenn die WOCHENENTE ruft!

DER FALL

Ist der Fall echt abgeschlossen?
Wer hat gespitzelt, wer geschossen?
Wer hat den Vorteil dort genossen?
Wer hat wen eingeschlossen?
Ist das alles echt vorbei?
Sind jetzt wirklich alle frei?
Sind wir wirklich jetzt ein Land?
Liegt jetzt alles auf der Hand?
Oder sind wir eingedöst?
Der Mauerfall bleibt ungelöst.

JAHR, JAHR. REDET IHR NUR.

„Jetzt bist du ein Jahr älter",
sagen mir die Leute.
Im Herz da wird mir kälter.
Oh, Mann! Was will die Meute?
„Ein Jahr älter", wird man nicht am Tag,
an dem man die Geschenke kriegt.
Sondern in der Zeit, die seit
dem letzten Mal dazwischen liegt.

HOPPLA, HERR GLÜCK!

Zum Geburtstag fiel Glück ...

.. auf seinen Hintern.
Er lehnte sich zurück.
Beschloss zu überwintern.

VIEL-ZU-VIEL PHILOSOPHIE

Mit Monika bei Edeka
seniert' ich über Seneca.
Mit Adelheid beim Aldi
hörte ich Vivaldi.
`ne Bekannte meiner Tante
impfte mich mit Dante.
Mit der Frau am Würstchenstand
vermurxte ich Karl Marx und Kant.
Bei `nem Hähnchenschlegel
sprach ich über Hegel.
Im Feinkost-Shop, am Gurkenfass,
sezierte ich den Habermas,
zitierte Galilei und Galilo
und Aris-toi-toi-les im Dixiklo.
Traf Sokrates mit langem Bart
mit Descartes bei Kirke-Gaard.
Dort macht' ich mit dem Reimen Schluss
Ich war schon ganz konfuzius.

BÜCHERLIEBE

Ein dickes Buch steht im Regal.
Was in ihm steht, ist hier egal.
Voller Staub und ungelesen
hadert es: „Das ist's gewesen."
Des Wälzers Miene wird jetzt helle.
Plötzlich steht da `ne Novelle.
Mit einem reizend flachen Rücken.
Und er fragt sie voll Entzücken
ganz direkt und unumwunden:
„Verehrteste, sind Sie gebunden?",
weil Hoffnung plötzlich in ihm keimt.
„Nein", sagt sie: „Ich wurd' geleimt."

AU WEIH! NACHTSMARKT

Parkplatzsuche ... ... mit Gefluche.
Glühwein schlucken. Tinnef gucken.
Langsam gehen. Schlange stehen.
Würstchenstand: Halb verbrannt.
Holzgebimmsel. Filzgefimsel.
Glühwein trinken. Onkel winken.
Kerzenduft. Geschubst, gepufft.
Mütze kaufen. Glühwein saufen.
Dschingle bells: Christmas sells.
Füße kalt. Tannenwald.
Müssen ... und nicht dürfen.
Noch mehr ... Glühwein schlürfen.
Glühwein bechern. Saufen wie bei Zechern!
Ob ich mir `ne Feuerzangenbowle ... ... hole?
Zwei, drei, vier, fünf Humpen. Nebenmann anpumpen.
Später nix mehr wissen.
...
Weihnachtsfilm gerissen.

ÜBRIGENS

Wie heißt der Schutzheilige der Vergesslichen?
Äääää . .. Dingens.
(Seine Gebeine wurden in Dingenskirchen bei Pusemuckel
beigesetzt. Das liegt hinter Tupfingen).

Wie heißt der Schutzheilige der Glockengießer?
Der heilige Bimmbamm.

Und wie nennt man ein Supermodel, das auf's Klo muss?
Mannequin Piss.

Tataaa. Tataaa. Tataaa. Dschingbumm!

TICK TICK

Tick tick.
Der Fanatiker.
Mist Mist ist
der Extremist.
All' die selbst ernannten „Himmels"stürmer,
intoler-ignoranten Weltarsch-Würmer,
werden es wohl niemals raffen,
dass Sie nichts als Hölle schaffen.
JE SUIS CHARLIE

ICH MEIN' JA NUR ...

Die Welt wird immer komplizierter,
jeder dadurch immer irritierter:
Meine MEINung, Deine DEINung,
sorgt bei mir nur für Ver..WIRrung.
Wird man Erster, Zweiter oder Vierter?
Was gewinnt ihr? Was verliert' er?
Jeder macht den Andern schlecht,
weiß nix genau, hat trotzdem recht.
Ernährung wird zur Religion,
Empörung wird zur Passion,
Betroffenheit zum echten Muss,
Besoffenheit zu dummem Stuss.
So leicht, wie man ein „like" verschenkt,
haut man den, der anders denkt.
Teil' uns deine Meinung mit ...
Alle drauf! Es stormed der Shit.

NOAH ZWEIPUNKTNULL

Ein Paar von jedem Tier.
Der Mensch bleibt heute hier.
Denn sind wir mal zu zweit,
schon gibt es wieder Streit.
Beim Retten der Natur
schalten wir auf stur.
Beim Retten dieser Welt
schau'n wir nur aufs Geld.
Beim Retten großer Banken
und geht's um billig tanken,
wird dann investiert.
Der Mensch wird aussortiert,
entscheidet erst die Flut,
wer böse und wer gut.
Wir sollten uns beeilen,
die Welt mit aller Welt zu teilen,
statt beim Treten und beim Beißen
sie einfach zu zerreißen.
Sonst, auch wenn wir's gerne hätten,
sind wir nicht mehr zu retten.

DAS SCHMECKT ABER KOMISCH

Ich gönn´ mir auf die Schnelle
`ne „Freak"-Adelle,
nachdem ich den bekloppten Klops
mops
und mit Suppenkasper leise
eine „Typen-Suppe" verspeise.
Auch Ulknudel, Tick-Ei und zwei Lagen
Scherzkekse landen in dem Magen.
Alles hat ein Ende auch Hans Wurst.
Jetzt hab ich Durst.

KÜHLER GRILL

Ich rieche und ich schmeck´ sie schon.
Ja, sie ist da: Die Grillsaison.
Das Fleisch bereit und mariniert,
Salat gemacht, der Tisch verziert.
Ja heute frön´ ich ganz bewusst,
der herzhaft schönen Fleischeslust.
Mit Würstchenzange, Grillbesteck
und was man braucht für diesen Zweck
umkreise ich den Grill im Garten,
um auf das Wichtigste zu warten.
„Oh Götter, lasst die Sonne scheinen!
Sonst fang´ ich leise an zu weinen."
... höre ich mich selber grübeln.
Zack. Schon regnet´s ...
... wie aus Kübeln.

KEIN GUTES HAAR AB 50

Sobald ich in den Spiegel schaue,
seh' ich's in der Augenbraue:
Ein weißes Haar. Ganz dick und drahtig.
Wo kommst Du her? Na, wart' ich ...
... reiß' dich aus, wie's auch dem Dings geschah,
dem viel zu frechen, ultralangen Nasenhaar.

Und der Pelz auf meinem Rücken,
den ich mit Haut in ganzen Stücken
beim Waxing mir ließ runterreißen,
unter Schrei'n zum Steinerweichen.
Und wie die Flusen auf den Ohren.
NICHTS kommt davon: Nichts ungeschoren!
Nur der Schädel – Gott sei Dank –
der bleibt verschont. Ist eh' schon blank.

ABERGLAUBENSKRISE

Ich bin weder aber- noch oder-gläubig.
Auch am jedoch zweif'le ich sehr.
Andererseits alldieweil dagegen denke ich häufig.
Wie's wär, wenn ich hinwiederum-gläubig wär'.
Oder gleichwohl,
gewissermaßen,
wie auch immer,
zugegebenermaßen,
trotzdem fromm.
Ob ich dann wohl in den Himmel komm?

MEIN ABERGLÄUBISCHER GLÄUBIGER

... will keine 13 Euro zurück.
Er nimmt lieber 12, sonst bringt's ihm kein Glück.
Der 13te Euro bringt Pech, wie man weiß.
Für mich echt ein Glücksfall: Ich kauf mir ein Eis.

Wellensittich

Linearsittich

EINZHARDS FEINE SCHÜTTELREIME:

BÖSE TANTE

Ich sagte zu der Base „Nein",
da schlug sie mir auf's Nasenbein.

FÜR VEGANER

Soll ich über Schinken witzeln
oder mit den Schnitzeln winken?

TORTOUR DE FRANZ

Radler, die sich bei der Fahrt ballen,
können auf den Bart fallen.

Franz blieb hinterm Bart stumm -
machte gleich beim Start bumm.

Weil ich Stümper an die Speiche lass,
hab ich nun mit der Leiche Spass.

ME'ZÄHNE FÜR KUNSTPFEIFER GESUCHT

Heute in der Frühes Frische
schwang ich schwungvoll auf mein Rad.
Noch eben an des Frühstücks Tische
war ich schnellstens voll in Fahrt.
„Eisig Windchen, machst mir Spaß.
Ich flöt' Liedchen. Pfeif' dir was!"

DURCH die Zähne. Virtuos.
Bin ein Meister. Grandios.
„Trallali" und „Trallala". Tiriliere ich gar zart.
„Trallali" und „ ..." ziemlich hart,
lieg ich mit Schmackes auf dem Bart.

Rad kaputt und Acht im Reifen.
Kann jetft AUF die Fähne feiffen.

DAS ENDE IST NAH

Mit der Woche geht's zu Ende.
Ihre Tage sind gezählt.
Die Augenringe sprechen Bände.
Hat sich am Ende nur gequält.

Drum auf, Ihr Lieben, füllt die Gläser.
Noch ist ein kleines bisschen Zeit.
Bald wachsen über dieser Woche Gräser.
Komm, wir geben ihr noch das Geleit.

Lasst uns tanzen, freut euch, lachet.
Lasst uns trinken, Wein und Bier.
Vom Tode steht sie bald erwachet
mit sieben Kindern vor der Tür.

NEUES VOM HINTERM MOND

Ich find es immer ganz verkehrt,
wenn mir wer die Sicht versperrt.
Im Kino oder Fernsehzimmer,
da stört es mich besonders immer.
Doch es ist echt zum Haare raufen:
Heut' ist der MOND durchs Bild gelaufen.
Sonne weg! Das war kein Spaß.
„Ey, setz' dich hin. Bist nicht aus Glas!",
rief ich laut und ganz empört ...
Dann war er weg. Hat's wohl gehört.

(GEDICHT ANLÄSSLICH EINER SONNENFINSTERNIS)

MAN KÖNNTE ...

Man könnte albern altern oder rastend riestern oder rostend verrotten oder mit allen Fasern fasten und mit allen alten Fastern von Festen faseln, modern vermodern und mit Moder und den Schwestern mit lüsternen Nüstern über die Laster vom Paster lästern oder Posen posten und vor Postern von Popstars posen, beim Quizz quietschen und von Quasten quatschen. Man könnte zitternd zaudernd Biester basteln oder feiste Förster mit Zaster pflastern, mit Wieseln über Wiesen watscheln und 'nem düster wilden Wastl eine watsch'n. Man könnte Toaster-Tasten testen oder den Mist-Mister beim Husten mustern oder Ottereltern beim Nisten in Kästen mästen oder mit bekannten Enten beim Entern kentern. Oder wir sehen Ostern Western. Genau. Das machen wir. Heute. Morgen. Oder gestern.

DER KARNE WAL

Dem Karne Wal gefällt's im Dunkeln
durchs Weltenmeer hindurchzuschunkeln.
In seinem Bauch schwärmt die Dorade
von der Doradenschwarm-Parade.
Und in der Büttenrednerrolle
gefällt sich selbst die olle Scholle.

Nur der Clownfisch, der schlägt Krach:
Die Schollenwitze sind zu flach.
Dann betritt die Bütt der Butt.
Räumt richtig ab. „Wat mutt, dat mutt!"
Nordisch kühl und doch voll Dampf.
Blubbern, lachen, Kiemenkrampf.

Alle rufen still „Helau!"
Vom Zander bis zum Kabeljau.
Kleine Fische ohne Zahl
feiern heut' im Karne Wal.
Dieser schwimmt zur Krake „Carmen".
Die wird ihn achtfach dann umarmen!

OLLE POLLE AUSSER KONTROLLE

Kaum, dass mal die Sonne scheint,
fang' ich an zu niesen.
Haaatschie! Allergie-Fallera,
Zickezacke Zickezacke
Heu-Heu-… Schnupfen.
Die Pollen haben sich vereint.
Wollen mir den Tag vermiesen.

PaRadelDox

Auf dem Rad und langen Wegen
kommt Rückenwind mir sehr entgegen.

BLATTSCHUSS

So manches Mal, da wünscht' ich sehr,
„Ach, wär' ich doch ein Funktionär."
Ich füllte einfach mir die Taschen
und würd' mich dann in Unschuld waschen.
Könnte Sportgeschichte ... schieben.
Würd' mich selbst dafür noch lieben.
Ich würd' profitieren, nie verlieren,
streng regieren, bei hohen Tieren Gold polieren,
Bilanzen verzieren, Bonzen schmieren.

Nur eines, das müsst' ich nicht
als Funktionär.
Und das wär'...
funktionieren.

PS:
So mancher Schummler in der Welt
wird viel zu spät vom Platz gestellt.
Er hält die ganze Welt für dumm
und fault solange vor sich rum.
Da hilft kein Klagen und kein Maulen.
Lasst ihn im Abseits doch verfaulen!

FIT WIE'N FLIPFLOP

Hallihallo, Kilokalorie!
Um die Hüfte hüpfte mir
ein wenig Speck.
Der müsste weg.
Zu diesem Speckwegzweck
sollte ich wohl rennen.
Denn Fett verbrennen
gibt's nicht nur beim Grill,
wenn man so will.

Hab kein Essen vergessen
- es gab nicht nur Lauch -,
Braten gab's auch.
Und jetzt hab ich Bauch.
Nur mit Mühe
trink ich Brühe,
bin ein Wasser-
Hasser.

Ich bräuchte eine Muckibude
in Buxtehude.
Würd' sitzen und schwitzen,
an Geräten.
Ich würde diäten.
Ich nehm' an,
ich nähm' ab.
Wäre rennend auf Trab.
Äße Zeugs aus eig'nem Garten
statt saftig-lecker'n Braten.
Spränge früh aus dem Bett.

Es gäb Müsli statt Mett.

Naja ...
ich spür sie schon,
die Demotivation.
Ich bin halt Figur pur
und zudem noch stur.
Ich hab' grad' keinen Lauf
und schwupps ...
drei Kilos drauf.

ECHT ZU HEISS

Im Schweiße meiner Denkerstirn
mach' ich Witze über Hitze
und ich schwitze.
Mir schmilzt das Hirn.

Jaaa.
Als wir satten Schatten
hatten,
auf unser'n Sonnenmatten,
da ging das Reimen gut vonstatten.

Doch ohne kühles Eis zur Speise
geht's Dichten nur noch
Tröpf...
chen ...
wei ...
se.

Oder schnell! Man bringe mir
zur Rettung flugs ein kaltes Bier.
Alles! Nur kein Wässerchen.
Dann geht's mir sofort besserchen.

BERTEWANDEL

Ro-Bert
la-Bert,
Nor-Bert
wa-Bert,
Her-Bert
blub-Bert,
Hu-Bert
bib-Bert:
„Hil-Bert
ero-Bert
Gil-Bert!"

Ist der Bert
dem Bert hold,
sagt denen nicht
was IHR wollt.
Sind Paare beide bärtig,
dann ist das gut – und fertig!

FAMILIEN-HORMONIE

Es gibt sowas, was gar nicht geht:
Man soll sich hüten und verwahren
vor Kindern in der Pubertät
und Ehefrau in Wechseljahren.

Die ersteren woll´n nur Krawall,
man hört es an der Hausbeschallung,
sie schließen Türen mit `nem Knall,
die letztere kriegt Hitzewallung.

Doch weil ich grad' im Frühling bin,
im zweiten oder dritten,
steht mir nach all dem nicht der Sinn
- ich fahre jetzt `nen tollen Schlitten.

Ich färb' die Haare – die geblieben.
Schwing um die Schultern einen Schal.
Sind auch verrückt zu Haus die Lieben,
bleib' ich – als Einziger! – normal.

Fahr' zur Disco mit den „Jungs",
die alle über 50 sind.
Da wird gebaggert und dann funkt's,
weil ich mich jung und knackig find.

Doch leider läuft es nicht nach Plan.
Ist doch klar. War nicht zu schaffen.
Und mache dann in meinem Wahn
am Ende nur mich selbst zum Affen.

Und mir wird klar,
es ist bescheuert.
Das Leben ist ...
hormongesteuert.

LAU(T)ES LÜFTCHEN

„Was ist da draußen für ein Krach?"
Kein Mittagsschlaf. Bin gründlich wach!
„Schreit da wer? Um Hilfe gar?",
denke ich. Und schwitze.
Plötzlich weiß ich – ist ja klar.
Vor'm Haus da BRÜLLT die HITZE!

Formt aus glühend heißen Wellen
orkangetürmtes Heißluft-Bellen!
Stellt die Menschen, auch im Schatten.
Würgt vertrocknend ihre Lungen.
Dass sie sterben, wie die Ratten.
Nimmt den Atem. Alten. Jungen!

Übertrieben? Ja, ich weiß.
Genug geschrieben!
Hol mir ...
Eisssssssssssss.

DER NUDIST

Ich fuhr mit Nudist Norbert nach Newport.

Wir waren im Nu dort.

„Nanu?",

sagte Nudist Norbert vor Ort im Newporter Vorort:

„Was reimst'n du für'n Mist?

Seit wann bin ich Nudist?"

Und in der Tat hab ich gelogen.

Er war vollständig angezogen.

Ich tat es wegen Reim und Takt.

D'rum war der arme Norbert nackt.

Doch ich gesteh' und weiß es ja,

dass dieses ziemlich taktlos war.

WAS D'N? WO D'N? WIES'N?

Wir fliehen vor der Welt – ab ins Zelt.
Ob Bayern, ob Friesen,
sie bliesen zur Wies'n
und priesen
trotz aller Krisen
und dieser Riesen-
massen der Heimat verwiesen-
auf uns an- und doch abgewiesen-
nen Menschen über die Maße
die Maß, die voll ist,
die Musi, die toll ist,
die Ballermann-Bla-Blasmusik,
die hämmernd dröhnt, als wie im Krieg,
die Promille-Prollinenz,
die krachlederne Potenz,
das dirndl-dralle Delirium,

das Edelweiß-Empirium,
das Weißwurschtzutzel-Laugenstangerl-Pumpspektakel,
das Alkokult-, Promillegott- und Sauf-Debakel.
Das Ungehemmt-Sich-Selber-Feiern,
das Unter-Tisch-Und-Bänke-Reihern,
das größte Volksfest auf der Welt,
hier derf ma sei, hier ist man Held.
Denn mir san mir und mir san zümpfti,
durchgedreht und unvernümpfti.

O'pisst is:

Herr Einzhard

EHE KRISE

Die Krise kommt im schönsten Glück,
denkt der Mann zu oft zurück:
An Zeiten EHE er das Ja gesagt,
EHE's aus war mit der Schürzenjagd,
EHE er versprach beim Weib zu bleiben,
statt sich wie EH' und je die Zeit
mit Freunden zu vertreiben,
EHE er beschloss auf Erden
EHEmann auf EHEwig zu werden.

WEHE, wEHE, wenn ich auf das Ende sEHE.
Doch EHE-Gatten nicht verzagen:
Es hilft doch EH' nichts, nur zu klagen.
Was EHEdies und EHEdem geschah,
ist vorbei und wird nicht wahr.
Das „EHEmals" gibt nur `ne fiese,
überflüss'ge EHE-Krise

NA, SOWAS ...

Es gibt „Ungereimtheiten"
um die WM-Vergabe nach Kathar.
Doch Herr Einzhard sagt:
„Da helf' ich. Bin schon da.
Bei mir bleibt gar nix ungereimt.
Ich dichte, bis der Kaiser weint.

Kathar,
das war
nun ja
– wie wahr -
nicht allzu nah.
Doch zahle mal in bar,
dann machen wir das klar."
Und mit diesem Reim – na, siehs'te –
schickt man den Fußball in die Wüste.

GANS, WAS FEINES.

Sehn'se?
Da zieh'n Gänse.
Ja, fliegen. Das könn'se.
Und wenn nicht, dann gehn'se.
Die Gänse. Seh'n se?

Nach Süden, wo's warm ist.
Wo der Winter voll' Charme ist.
In der Sonne, da penn'se.
Liegen rum, die faulen Gänse.

Ich würde ihnen gerne raten,
einfach mit dem Start zu warten.
Statt zu fliegen mit den Reihern,
das Martinsfest mit uns zu feiern
- als Ehrengast und Gänsebraten.
Das hat zwar nicht den gleichen Charme,
doch dafür wird's auch mollig warm.

Ich schaue kurz zum Himmel hoch.
... Ich seh' sie noch.
Und dann ist Sense.
Blöde Gänse.

OMNIBUS VOBISCUM

Manchmal fahr' ich, weil ich muss,
mit dem Bus.
Man kann mich immer in der Menge,
im Gedränge
in Bedrängnis seh'n.
Ich fahr' im Steh'n.
Hinten pöbeln laute Blagen.
Die Sicht nach draußen ist beschlagen.
Beim Mix aus Husten, Schniefen, Schrei'n,
Fang ich mir Bazillen ein.
Meine Blicke zieht sodann
Ein Ding am Fenster magisch an:
Die Lösung! Raus! Die Rettung aus dem Tal der Jammer!
So leuchtend rot: Der Notfallhammer!
Gleich nutz' ich ihn. Jetzt! Auf die Schnelle!
Oh. Nein.
Doch nicht.
Ich warte bis zur Haltestelle.

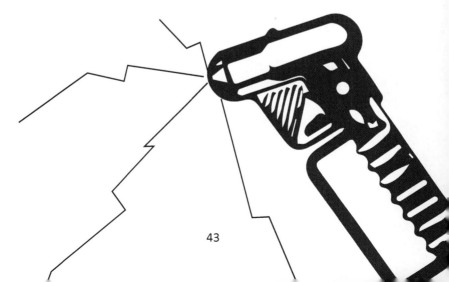

IM GEWÜHLE DER GEFÜHLE

Wie wohlig, wonnig, heimelig,
wie zuckersüß und peinelich,
wie schmunzelgruselweinerlich,
wie glöckchenklingelpingelig,
wie Umsatz fördernd ist doch die
Vorweihnachts-Harmonie-Monotonie.

Ohne mich! Da steh ich drüber.
So ein Zirkus! Ist doch über.
Pur Kommerz. Was soll der Mist?
Nur deshalb, weil bald Weihnacht ist?
Und weil Familie und Verwandte,
Freunde, Kinder und Bekannte
zusammen kommen und was schenken,
zeigen, dass sie aneinander denken,
vergessen, das durch Läden Hecheln,
schenken Freude, ernten Lächeln,
vergessen Hektik und Termine,
Glückseligkeit in jeder Miene.
Jeder hat den ander'n .. lieber ...
Mist, jetzt packt's mich doch ...
das Weihnachtsfieber!

GESCHENKE-GEDANKEN

Wenn ich so an's Schenken denke
und so die Gedanken lenke
in die Zeit als ich noch klein war
und das Weihnachtsfest noch fein war,
als man mit Wenig konnt' entzücken,
mit Selbstgestümpertem beglücken,
da durfte man ganz einfach schenken
ohne jedes Anspruchsdenken.
Auch später dann bei der Debatte,
ob ich die Krawatte nicht schon hatte,
hab' ich leise beigelenkt
und sie zu den andern zwölf
in den Kleiderschrank gehängt.

Doch damit ist jetzt leider Schicht:
Das hat'se schon, das will ich nicht.
Dies ist mir echt nicht so geheuer.
Jenes kommt mir niemals ins Gemäuer
(und es ist ja eh zu teuer).
Wer will denn Wäsche? Trockne Tücher?
Komm, wir schenken Bücher, Bücher, Bücher...
Mir fällt wirklich gar nichts ein,
wie wär's mit `nem Geschenkgutschein?

Also mir reichts, ...
... wenn wir aneinander denken.
Dann könn' wir uns das Schenken ... schenken.

ICH WÜNSCHE EUCH ...

.... für's neue Jahr,
dass alles gut bleibt, was gut war.
Dass das, was bislang schief gelaufen,
uns ärgert bis zum Haare raufen,
sich nächstes Jahr zum Guten wendet.
Dass, was Angst macht, happy endet.
Dass Freunde weiter Freunde bleiben.
Dass Vergess'ne plötzlich schreiben.
Nicht von selbst wird alles gut.
Ich wünsch, ...
dass jeder etwas dafür tut.

UND TSCHÜSS! (JAHRESENDE UND RESET)

Mit Pauken und Raketen
schießt das alte Jahr zum Mond!
Killt es auf Silvesterfeten!
Es hat uns schließlich nicht geschont.

Heißt das neue Jahr willkommen,
schenkt ihm Hoffnung und Vertrauen,
dann werden wir's schon hin bekommen,
das letzte Mistjahr zu verdauen.

Gelassenheit und Toleranz.
Macht Menschlichkeit doch einfach wahr!
Dann wird's für alle wirklich ganz
ein tolles, frohes, NEUES Jahr.

POETRY FOR RUNAWAYS

Doktor: „Sie haben einen Anglizismus auf den Stimmbändern."
Mann: „Doc. Können Sie das bitte changen?"
Doktor: „Dazu müssen wir Sie leider operieren."
Mann: „Oh, no! How could this happen?"
Doktor: „Haben Sie noch weitere Beschwerden?"
Mann: „Yes, I have fear for horses."
Doktor: „Nein. Ich mein' im Sprachverkehr."
Mann: „Oh, yes! Bei me da reimts not more."

„Keine Sorge", antwortete der Arzt,
„das mit dem Reimen klappt,
wenn Sie wieder richtig deutsch sprechen können."

Also noch mal von vorn.

Doktor: „Sie haben einen Anglizismus auf den Stimmbändern."
Mann: „Doktor. Könnten Sie das bitte ändern?"
Doktor: „Dazu müssen wir Sie leider operieren."
Mann: „Oh, nein! Wie konnte das passieren?"
Doktor: „Haben Sie noch weitere Beschwerden?"
Mann: „Ja, ich habe Angst vor Pferden."
Doktor: „Nein. Ich mein' im Sprachverkehr."
Mann: „Oh, ja! Bei mir, da reimt's nicht mehr.
            Oh! Doch!"

Patient als geheilt entlassen. Danke Dr. Einzhard.

OHNE MICH

Manchmal frag' ich mich:
Warum denn schweig' ich nicht?
Denn, wenn in diesen Tagen
wirklich alle alles sagen,
jeder seine Meinung geigt,
in den verbalen Ringkampf steigt
und im Netz mit den Kohorten
kämpft mit Worten. Worten! Worten!!!
Dann verzichte ich auf's Spiel.
Vielleicht wär' ja das meine Wort,
das eine Wort
zuviel.

Statt dessen geh' ich unter Leute.
Lächle heute.
Sitz' im Café und esse Torte.
Ohne Worte.

SCHALTJAHR-GETRIEBE

Ich fahr' so gerne,
das macht Spaß,
in weite Ferne.
Ich geb Gas.
Was ich – ganz klar –
am meisten liebe,
das ist mein AUTOMA-
TISCHES Getriebe.

Doch heute bleibt
der Wagen steh'n.
Muss zu Fuß
nach Hause geh'n.
So'n AUTOMATIK,
wie Ihr wisst,
der fährt kein Stück,
wenn SCHALTjahr ist.

WAS FÄLLT DIR EIN?

Wüsste echt nicht,
was ich tät',
ohne Kre,
ohne A,
ohne Tivität.
Glaub, ich bliebe stumm.
Ständ' nur lang,
ständ' nur weil,
ständ' nur lang und weilig rum.
Für euch wär's dumm, mir zuzuseh'n.
Für mich wär's dumm, nur rumzustehn.
Das kann und soll auch nicht so sein.
Drum fällt mir lieber DOCH was ein.
Wüsste echt nicht,
was ich tät,
ohne Kre,
ohne A,
ohne Tivität.

MAL EBEN LEBEN ...

Das Leben
wurd' mir gegeben.
Und wenn Erinn'rungen verweben,
gab es neben
dem steten Streben
und an Materiellem Kleben
auch das Herzenbeben,
das Stimmung heben,
das Vergessen und Vergeben.

Den Saft von Reben.

Der Lebensmüde sagt oft „Ach!
Wär' die Welt doch so und so."
Ich bin lieber lebenswach:
still vergnügt und lebensfroh.

Ganz ehrlich. Ich lieb' das Leben.
Eben!

PLÖTZLICH EUROPA

Hurra-Hurra. Jetzt sind wieder alle da.

Jeder ruft: „Wir sind dabei!"

Fußball macht die Seele frei!

Doch, wo wart ihr in der Krise?

„Ohne uns!" war die Devise.

Keiner da, so wie mir schien,

um an einem Strang zu zieh'n.

Mauern, Türme, Zäune bauen.

Auf Fremde mit dem Knüppel hauen.

Jeder macht die Grenzen dicht.

Das ist Europa. Oder nicht?

Bald geht's los - habt ruhig Spaß.

Nur eines noch: Vergesst den Hass.

Und hört nicht auf die bösen Geister.

Benehmt euch, wie EUROPA-Meister.

UNGEZZZZZIEFER

Die AAAAAA-Meise, die steht,
am AAAAAAA....nfang unsres Alphabets
und ist somit, ich konstatier',
ein lupenreines Alphatier.
Weiter hinten ist dagegen
die blöde ZZZZZecke abzulegen,
die letztens Ihre Kiefern wetzte,
mir dann meine Haut verletzte,
um sich über beide Ohren
tief in meinen Arm zu bohren,
was mich wirklich sehr entsetzte.
ZZZZZecke, du bist echt das LETZTE!

STANDHAFTE ZINS-SOLDATEN

Wir befinden uns in einer Niedrig-Sinnsphase.
Denn, wir suchen nach dem Zins des Lebens.
Wir wollen mehr rausholen, als wir reingesteckt haben.
Keiner will draufzahlen.
Dabei ist das Leben ein zinsloses Darlehen.
Und manches Lebenswerk wird trotz aller Bonitäten
zur lebenslänglichen Bankrotterklärung.

„Am Ende ist ein jeder Zweite
trotz Wohlstands wohl moralisch pleite."

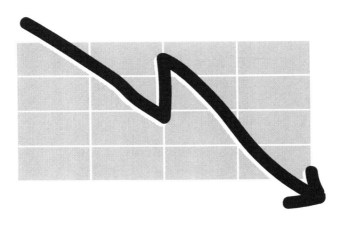

LAUTER IRRITIERCHEN

Der Angsthase, bitte glaube mir,
war das erste Irri-Tier.
Doch leider lässt das Weltgescheh'n
ganz neue Arten jetzt entsteh'n:
Die Verunsicherunke und das Tausendstöhn
kann man hören und auch seh'n.
Die Seufziege und der Aua-aua-hahn
nähern sich - mit dem Verwirrwaran.
Die Wahnze jagt den Furchtlurch durch
das Netz und auch das Muffsauslon
jagt den Schockbock auf und auch davon.
Die Resignatter frisst soeben auf die Schnelle
die Sensibelle.
Der Konsternierstier schwingt die Hufen,
weil alle schreien, heulen, rufen!
Selbst Pflanzen ha'm ne Schraube lose:
Die Depriemel und die Neu-Rose.

Man ist - sieht man nach Norden, Süden, Westen, Osten,
als Spaßvogel heutzutage …
… auf verlor'nem Posten.

NASSER SPASS!

Worte können nicht genügen,
um das Glück je zu erfassen,
wenn Menschen nur so zum Vergnügen
sich im Bötchen treiben lassen.

Sie liegen auf dem kühlen Wasser.
Nur Holz trennt sie vom H2O.
Plötzlich wird's im Bötchen nasser.
Plötzlich plätschert's am Popo.

Ein Leck! Ja leckt's mich ...
... ein Leck leckt rein in unser Boot!
Alle schreien, wedeln, Hektik!
Schnell, sonst sind wir alle tot!

Und in dieser Massenpanik
steht man auf und zappelt rum.
Tut, als wär's jetzt die Titanik.
Und dann kippt das Boot schon um.

Man schließt ab mit diesem Leben.
Man wird's nicht schaffen. Niemand. Nie!
Doch plötzlich merkt ein jeder ... eben:
Das Wasser geht nur bis zum Knie.

Am Ufer dann in warmer Sonne
sieht man sie im Grase liegen.
Sie zu beschreiben, diese Wonne,
können Worte nicht genügen.

KLÄPPSKESKALENDER

Oh, wonnevoll.
Oh, Freudenspender.
Dat is' so toll:
Adsvenzkalender.

Bin ich ei'ma' nich' gut drauf,
mach' ich mir e'n Kläppsken auf.
Hasse Ärger mit dein' Mädsken,
lutsch dir einfach Schokolädsken.

Doch ei'ma' nur! Hör', wat ich sach!
Dat geht ei'ma' nur – am Tach!

Und bisse öfters össelich
– am Tach, –
dann geht dat nich.
Sons' gibbet Krach!

Bei allet Schokoladenschmachten
musse Nümmerkes beachten!
Zwar verlockt et dich bisweilen,
der Zeit ma' wat voraus zu eilen.
Doch wird'se dat dann gar nicht loben.
Und Nümmerken wird keins geschoben.

Willze also deine Ruh,
lass die andern Kläppskes zu!

ÜBERQUALIFIZIERT

Ich habe einen schlechten Orientierungssinn.

Aber das ist nichts gegen meinen Nachbarn Franz.

Der hat gar keinen.

Der verfranzt sich regelmäßig,

der Franz.

Der ist ein Profi im Verfahren.

Der verfährt sich ständig.

Der hat das aber auch studiert:

Verfahrenstechnik.

Was es nicht alles gibt.

An DER Uni wäre ich auch gut aufgehoben.

Was man da alles studieren kann:

Schlüsselverschusselungslogistik.

Angewandte Ehegattinnendesinformatik.

Wolleverwinzwaschwissenschaften.

Heimwegmaximierungsmechanik.

Kneipenkunde!

Eigentlich bin ich noch qualifizierter als Fritz.

Mein Nachbar. Nee. Fred. Nee. Hans? Ist auch egal.

Ich habe einen Master in Namensamnesie-Management.

Da kann der Felix bald einpacken.

Er wird wegrationalisiert,

von einem Navi

und ich bin immer noch

... äh ...

Herr Dings.

DER FADFINDER

„Das Leben ist fad ...", findet der Fadfinder.

„Jaja!", jauchzt der Ja-Sager.

„Nä-nä!", verneint die Näherin.

„... und wird am Abend teurer!", so der Abenteurer.

Der Beton-Werker betont:

„Der Angestellte stellt sich an."

Der tschechische Technicker nickt technisch

beim Techtelmechtel mit Mechthild.

„Zur AFD sag' ich nix.", denkt der Braun-Schweiger.

Und der Dachdecker entdeckt im Doppeldecker

seine alte Black & Decker.

Ein winziger Winzer

ist als Gastronom

autonom von Gas und Strom.

Doch der Wirt

wird

unwirsch.

Er zieht

einen Erzieher,

der über den Herzog

herzog,

am Ohr.

Sowas kommt vor.

Jetzt muss der zum Ohr-Nitologen

oder Ohr-Thopäden - ungelogen.

Und ein Erfinder fand ein „R".
(Er, der er ein „R" fand,
der das „R" nicht erfand
sondern nur das „R" fand,
war somit kein Erfinder,
sondern etwas minder,
ein findiger „R"-Finder.)
Doch hat er es „R"-kannt,
das „R" in diesem Land
ist beim Fundamt abzugeben.
Sonst kann man was „R"-leben.

Rrrrrumspinnen. Kann nicht schaden.
Wo war noch mal mein Faden?
„Ich frage jetzt den Fadfinder.",
sagt euer alter Reimschinder.
Und ihr, genießt das Leben!
Lasst eure Laune heben.
Legt euch in ein heißes Bad.
Schon ist das Leben halb so fad.

HAUPTSACHE

Gestern hab ich meinen Kopf vergessen.
Man hatte mich ja stets gewarnt.
Da hab ich kopflos rumgesessen.
Alle hatten es geahnt,
dass mich irgendwann – Oh wehe! –
die Verträumtheit dazu treibt,
dass ich durch die Türe gehe
und mein Haupt zu Hause bleibt.

So geht der Körper ins Café.
Der Kopf zu Haus macht sich Gedanken:
„Wie komm ich nun von A nach B?"
Der Körper will jetzt erst mal tanken.
Bestellt per Geste schnell ein Bier.
Die Bedienung weiß Bescheid.
Ich war - komplett - schon öfter hier.

Da steht der Krug auch schon bereit.
Doch, wie soll ich es genießen,
wenn Kopf und Mund zu Hause sind?
Wohinein soll ich es gießen,
dass es durch die Kehle rinnt?
„Wie soll das gehen? Wie nur? Wie?",
hat der Körper (ohne Hirn) gedacht.
Und auch der Kopf hat sich noch nie
darüber einen Kopf gemacht.

So wurd' es nichts mit meinem Bier,
gab es zurück ans Kellner-Mädel.
Und so sitze ich heut' hier –
na, wenigstens hab ich kein'n Schädel.

SCHOPPING

Ich kann Männer nicht versteh'n,
die nicht gerne Schoppen geh'n,
die sich sträuben wie die Bären,
mit Haut und Haar dagegen wehren
und so tun als wär's ihr Ende,
jedes – JEDES – Wochenende.
Für mich, da ist er nicht zu toppen:
der Früh-, der Spät-, der Dämmerschoppen.
Dieses Schoppen ist mein Ding.
Prost! Bin euer Schopping-King.

SCHLAG! ZEILEN.

Manchmal, bisweilen
finde ich,
beim durch die Zeilen eilen
den Gedankenstrich,
an dem man verweilen
könnte, nicht.
Denn stattdessen rasen
meine Augen,
aus Furcht vor allem, was sie lasen,
beim Wort aufsaugen,
ohne Hinterfragen,
beim Gehirn auslaugen,
schnell zur nächsten Zeile,
von Text zu Text,
schnell wie nie,
wie verhext.
„What comes next?"
SCHLAG! Zeilen.
Schlag auf Schlag.
Kein Verweilen.
Jeden Tag.

Zeilen schlagen
auf den Magen
und verletzen.
Mord und Hetze.
Kein Entkommen.
Kein Entweichen.
Am Horizont
seh ich benommen
Fragezeichen.

Manchmal, bisweilen
bin ich raus
und ruh' ich mich aus.
Zwischen den Zeilen.

ICH BIN SPEZIALIST

FÜR amateurhafte Aphorismen über amorphe
Amphoren und amouröse Amöben.

FÜR blöde Blödeleien über öde blödelnde,
bleiern leiernde Blödel-Laien.

FÜR chaotische Clownesken über charismatische
kariöse Kontrabass-Chinesen.

FÜR dreiste Doofheiten über dummdämliche
Darmdramen-Damen.

FÜR ehrfürchtige Erhardtigkeiten über ehrlich
einmalige Ehemalige.

FÜR fiese Fisimatenten über latent feiste
Mutanten-Tanten.

FÜR grobe Gags gegen größenwahnsinnige
Grantel-Granaten.

FÜR haarigen Humor gegen Heerscharen
harscher Herrscher und ihre Häscher.

FÜR irritierende Irritationen bei irrwitzigen Irren
und ihren irren Iren.

FÜR jedweden Jokus von hier bis zum Lokus.

FÜR leichtes Lachen über Leichen, die beim
Lachen laichen.

FÜR furios-fürstliche Fürze

FÜR kurze Karl. Aua.

und plötzliche W...

... ENDEn

ANMERKUNG DES AUTORS

Alle hier abgedruckten Gedichte, Sprüche und Lebensweisheiten sind von mir selbst erdacht und aufgeschrieben worden. Zur Illustration einiger Sachverhalte habe ich einige Sachen verhalten illustriert. Jede Ähnlichkeit mit Werken eines bekannten und von mir sehr geschätzten, leider nicht mehr unter uns weilenden Autors ist rein zufällig gewollt.

Ich will mir nicht anmaßen, auch nur annähernd „seine Stapfen mit Füßen zu treten". Lediglich seine unbekümmerte Art, mit Worten zu spielen, und seine ungehemmte Freude an der Blödelei würde ich gerne übernehmen – mindestens einmal pro Woche. So ist aus einer Facebook-Seite mit regelmäßigen Einträgen (viele Grüße übrigens an meine treuen Freunde dort) nun ein kleines Buch geworden.

Ich hoffe, Sie hatten Freude daran. Was auch immer Sie von meiner Schreibe meinen: Schreiben Sie mir gerne Ihre Meinung.

Ihr Martin Bußmann

Wir sehen uns im Social Network:
https://www.facebook.com/HerrEinzhard

Auch in dieser Reihe erschienen:

Herr Einzhard „Du liebe Zeit!"
Feine Reime in's Unreine und
ungemeine Gemeinheiten
von der Schwiegerdings
bis zum Halts-Maul-Wurf.

ISBN-10: 1500196886
ISBN-13: 978-1500196882

Printed in Poland
by Amazon Fulfillment
Poland Sp. z o.o., Wrocław